Raymond HUBERT
AVOCAT A NICE

DE LA

PREUVE DE LA NATIONALITÉ

EN DROIT FRANÇAIS

Examen de la jurisprudence et de la doctrine à propos du livre de M. Cluzel

INTITULÉ

DE LA NATIONALITÉ DES ENFANTS MINEURS D'ÉTRANGERS

dans la Législation française

EXTRAIT

DES LOIS NOUVELLES

REVUE BI-MENSUELLE DE LÉGISLATION ET DE JURISPRUDENCE

Deuxième édition

PARIS

AUX BUREAUX
DES
LOIS NOUVELLES
31 bis, Faubourg-Montmartre, 31 bis

LIBRAIRIE DE LA SOCIÉTÉ DU RECUEIL
GÉNÉRAL DES LOIS ET DES ARRÊTS
et du Journal du Palais
Ancienne Maison L. LAROSE & FORCEL
22, rue Soufflot, PARIS
L. LAROSE, Directeur de la Librairie

1902

LES LOIS NOUVELLES

PARIS, 31 *bis*, RUE DU FAUBOURG MONTMARTRE, PARIS

Vient de paraître

LA TABLE PERPÉTUELLE

DES TEXTES LÉGISLATIFS

CONTENANT

Dans un ordre alphabétique et chronologique
la nomenclature des principaux textes
(Lois, Décrets, Circulaires, Instructions, Arrêtés,... etc... etc...)
en vigueur depuis le 1er janvier 1880.

PAR

E. LEFRANÇOIS

Docteur en Droit
Avocat a la Cour d'Appel de Grenoble

L'ouvrage est tenu au courant depuis le 1er janvier 1901

PAR

E. SCHAFFHAUSER

Avocat, Docteur en Droit
Directeur des « Lois Nouvelles »

Avec la Collaboration de   H. CHEVRESSON, Avocat à la cour d'Appel de Paris

Prix : quinze francs

La Table perpétuelle est établie sur des fiches mobiles classées dans un relieur électrique dont le modèle a été choisi avec le plus grand soin et construit spécialement à cet effet.

Dès lors il sera aisé de tenir cette table perpétuellement au courant de toutes les modifications qui surviendront dans la législation. En effet, chaque fois qu'un texte nouveau aura paru sur une matière quelconque, la fiche sur laquelle le texte devra prendre place sera refaite entièrement et envoyée au souscripteur.

Supposons qu'une loi intervienne en matière de *Presse* : la fiche portant l'indication *Presse* sera réimprimée avec les références du texte nouveau, et sera adressée au souscripteur qui à sa réception ouvrira le relieur, retirera l'ancienne fiche et mettra la nouvelle fiche à sa place.

Ce service, afin d'être régulier, sera fait tous les trois mois, à raison d'un abonnement annuel, au prix de cinq francs.

D'autre part, les souscripteurs de cette table se trouveront astreints à un travail bien simple. Tous les trois mois ils devront mettre les fiches nouvelles qu'ils recevront à la place des anciennes. Aucun travail d'annotation, aucun supplément à ajouter, aucun papillon à coller ; il suffit d'ouvrir le relieur, de prendre les fiches (qui mentionnent les textes nouveaux) et de *les insérer à la place des fiches* qu'elles sont destinées à remplacer.

Ce résultat ne pouvait être atteint qu'au moyen de ce procédé et à la condition d'imprimer à nouveau la fiche entière comportant une addition. Si, en effet, on s'était contenté d'envoyer une fiche portant l'addition, on aurait été amené à posséder avant peu un volume de fiches énorme dont le maniement eût été très difficile. L'administration des *Lois Nouvelles* n'a pas reculé devant les sacrifices qui résulteront pour elle de cette mise au courant, elle se contente, en vue de fournir à ses abonnés un excellent outil de travail, d'une rémunération qui lui permettra de recupérer ses débours.

La table renvoie aux principaux recueils : les *Lois Nouvelles*, le *Dalloz*, le *Sirey*, les *Pandectes françaises*, la *Gazette du palais*.

DE

LA PREUVE DE LA NATIONALITÉ

EN DROIT FRANÇAIS

Raymond HUBERT

AVOCAT A NICE

DE LA

PREUVE DE LA NATIONALITÉ

EN DROIT FRANÇAIS

Examen de la jurisprudence et de la doctrine à propos du livre de M. Cluzel

INTITULÉ

DE LA NATIONALITÉ DES ENFANTS MINEURS D'ÉTRANGERS

dans la Législation française

EXTRAIT
DES LOIS NOUVELLES

REVUE BI-MENSUELLE DE LÉGISLATION ET DE JURISPRUDENCE

Deuxième édition

PARIS

AUX BUREAUX
DES
LOIS NOUVELLES
31 bis, Faubourg-Montmartre, 31 bis

LIBRAIRIE DE LA SOCIÉTÉ DU RECUEIL
GÉNÉRAL DES LOIS ET DES ARRÊTS
et du Journal du Palais
Ancienne Maison L. LAROSE & FORCEL
22, rue Soufflot, PARIS
L. LAROSE, Directeur de la Librairie

1902

DE

LA PREUVE DE LA NATIONALITÉ

EN DROIT FRANÇAIS

Examen de la jurisprudence et de la doctrine à propos du livre de M. Cluzel intitulé de la nationalité des enfants mineurs d'étrangers dans la législation française.

Le nouveau livre de M. Cluzel intitulé « *de la nationalité des enfants mineurs d'étrangers dans la législation française* » présente à nos yeux un intérêt vraiment personnel; nous nous rencontrons souvent avec l'auteur sur le même terrain, il se trouve avoir été parfois le second à étudier avec certains développements des questions que nous avions été le premier soit à approfondir soit même à soulever.

D'ordinaire, les nouveaux auteurs rendent hommage aux efforts de leurs devanciers, en mentionnant les travaux de ces derniers, soit dans des notes au bas des pages, soit dans un index bibliographique.

A notre égard du moins, M. Cluzel a cru devoir rompre avec ces vieux errements de courtoisie sinon de justice.

Nous ne serions pas évidemment des juges impartiaux pour décider si nos nombreux travaux sur les questions de nationalité méritent ou non cet oubli systématique. Bornons-nous à constater qu'ils ont eu l'heureuse fortune d'exercer sur la jurisprudence une influence incontestable ; cette fortune était-elle imméritée ? C'est là une question qui n'est pas de notre compétence, mais de celle de nos lecteurs.

Nous n'entreprendrons pas une analyse complète du livre de M. Cluzel, ce serait refaire un traité sur le même sujet, et s'il est vrai, comme l'affirme le poëte, que trop de vers entraînent trop d'ennui, la prose est certainement susceptible de présenter les mêmes inconvénients, surtout dans une matière aussi aride. Nous nous bornerons donc à passer en revue les points de droit que M. Cluzel est venu traiter après nous, pour combattre nos solutions, peut-être un peu systématiquement ; nous essayerons de le réfuter, y réussirons-nous ? c'est ce que nous laissons au lecteur le soin de décider ; notre tâche se borne à lui soumettre les éléments d'une appréciation que nous n'entendons nullement lui dicter ; sa tâche sera justement de la formuler. Nous faisons donc déjà du lecteur notre collaborateur dans la recherche de la vérité ; mais à nos yeux, il a un titre encore plus élevé ; nous le considérons comme le juge souverain de nos doctrines, et c'est à la barre de son tribunal que nous venons non plus soutenir tels ou tels intérêts individuels, au gré desquels notre devoir professionnel nous obligerait à plier le texte de la loi, mais poursuivre le triomphe des principes considérés en eux-mêmes et dégagés de toute considération personnelle.

Au nombre des questions qui ont fait l'objet de nos travaux communs, la plus importante est sans contredit — ne serait-ce qu'à raison du nombre des intéressés — la théorie de la preuve en matière de nationalité d'origine.

Nous avons été le premier sous l'empire de la loi de 1889 à approfondir en doctrine cet important sujet, dans deux articles qui ont paru dans le *Journal de droit international privé* (De la nationalité et du droit d'expulsion. Clunet 1895, page 524 et 1896, page 320. Du *jus soli* relativement à l'application de l'article 10 du code civil, Clunet 1900, page 483).

L'examen des doctrines de M. Cluzel sur ce point fera l'objet exclusif de cette première étude.

Nous avons dû multiplier les notes au bas des pages. Nous évitons ainsi d'allonger indéfiniment notre texte et nous ne laissons aucune de nos imputations sans une preuve tirée des écrits, c'est-à-dire des aveux de l'adversaire lui-même, dont nous faisons ainsi le « *confitentem reum* » dans toute la force du terme. Si le lecteur est un juge, encore faut-il le mettre à même d'exercer son ministère en lui fournissant un dossier complet.

Comme nous le disions, nulle question plus pratique que celle de la nationalité d'origine ; elle intéresse en effet la grande majorité de nos concitoyens, qui sont investis de la qualité de français au jour de leur naissance.

Ainsi que le remarque fort justement M. Cluzel (p. 5), la nationalité d'origine, à la différence de la naturalisation, ne peut s'établir par aucun titre officiel qui la constate.

La preuve dépend ici de certaines circonstances de fait, d'une démonstration parfois fort difficile, si l'on s'en tient à la rigueur du droit, et dont l'intéressé devra justifier, si sa nationalité vient à être contestée.

Le français d'origine sera-t-il donc paralysé à chaque instant dans l'exercice de ses droits de citoyen, par la difficulté qu'il éprouvera à en administrer la preuve ?

Va-t-il se trouver sous ce rapport dans un état d'infériorité manifeste vis-à-vis de l'étranger naturalisé ?

A première vue cette conclusion s'impose, si l'on s'en tient à la lettre du code.

Est-il admissible, cependant, que le législateur se soit désintéressé à ce point des intérêts de la majorité, dans ce qu'ils ont de plus sacré, pour créer au profit d'une infime minorité d'exorbitants privilèges?

Enoncer une pareille anomalie, c'est déjà condamner sans appel le système qui la consacrerait.

Il n'en peut être, et grâce à Dieu, il n'en a jamais été ainsi ; la pratique judiciaire, d'accord du reste avec la majorité de la doctrine, a toujours ignoré une interprétation littérale des textes, qui eût abouti à un résultat aussi monstrueux. Le mot est fort, mais il ne l'est pas trop. Une jurisprudence invariable est là pour témoigner en faveur de l'équité et du bon sens, et nous verrons que dans l'impossibilité où se trouve notre adversaire de réfuter une opinion généralement admise, il a préféré la passer sous silence, procédé de polémique aussi simple que facile et de nature à lui assurer un triomphe aisé mais provisoire.

Nous commencerons par nous demander en quoi doit consister la preuve de la nationalité d'origine, pour être vraiment complète et absolue, c'est-à-dire définitive et à l'abri de toute contestation possible; nous verrons ensuite quels tempéraments la pratique a toujours apportés aux règles du droit strict, qui n'ont jamais constitué la condition préalable et *sine qua non* de l'exercice des droits de citoyen français ; nous assisterons enfin à la consécration législative des errements de la jurisprudence antérieure, par le nouvel article 8 paragraphe 2 du code civil.

Etudions donc la matière de la preuve de la nationalité d'origine en droit strict.

Comme le remarque fort judicieusement M. Cluzel (page 5 et suivantes) et comme nous l'avions déjà remarqué (*du jus soli, op. cit.* Clunet, p. 487), il y a lieu de distinguer à ce point de vue quatre périodes dans l'histoire de notre législation, période antérieure à la promulgation du code civil, puis période d'application du code civil, de la loi du 7 février 1851 et des lois des 26 juin 1889 et 22 juillet 1893.

Le législateur passe du *jus soli* au *jus sanguinis*, pour revenir ensuite au *jus soli*, d'une manière partielle il est vrai, mais ses tendances iront toujours en s'accentuant en ce sens.

Nous supposerons toujours dans la suite, pour simplifier nos explications, que l'intéressé est né en France ; s'il est né à l'étranger, les mêmes principes restent applicables *mutatis mutandis*, seulement ce ne sera plus chez lui, ce sera chez son auteur qu'il devra justifier des circonstances que nous allons étudier.

Antérieurement au code civil, en vertu du *jus soli* alors en vigueur, la preuve de la nationalité se confond avec celle de la naissance en France.

Le code civil qui est venu, tout le monde le sait, substituer le *jus sanguinis* au *jus soli*, ne s'applique dans l'intégralité de son texte qu'aux individus nés sous l'empire de ses dispositions, mais plus de vingt et un ans avant la promulgation (1) de la loi du 7 février 1851. L'intéressé doit prouver que son père est né en France antérieurement à la promulgation du code civil ; le fils a ainsi hérité *jure sanguinis* de la nationalité dont son père a été investi *jure soli*.

A raison de sa rétroactivité qu'il y a lieu de combiner avec celle des lois postérieures, la loi du 7 février 1851 ne s'applique pas à tous les individus nés sous l'empire de ses dispositions ; par contre elle en atteint un grand nombre né antérieurement. Elle règle la nationalité de tous ceux qui sont nés moins de vingt et un ans avant sa promulgation d'une part, et plus de vingt et un ans avant la promulgation de la loi du 26 juin 1889 d'autre part. Il est de *jus incontroversum* en effet que les lois de 1851 et de 1889 ont rétroactivement saisi tous les individus mineurs à l'époque de leur promulgation (2).

La loi du 7 février 1851 est venue conférer la qualité de français à l'étranger né en France d'un auteur qui y est né lui aussi, sauf répudiation dans l'année de la majorité.

Pour bénéficier des dispositions de la loi précitée, l'intéressé doit donc établir : 1° la double naissance en France de lui-même d'abord, de l'un ou l'autre de ses auteurs ensuite (Cass. 7 déc. 91, D. 92-1-87); 2° son défaut d'option dans l'année de sa majorité.

Les lois des 26 juin 1889 et 22 juillet 1893 — à raison de la rétroactivité de la seconde, leur période d'application se confond (3) — règlent

---

1. — Si l'intéressé est né peu de jours après la promulgation du texte précité, il y a lieu de tenir compte pour l'application de la loi, des délais de la publication.

2. — La seule question controversée est de savoir si la rétroactivité ne doit pas s'étendre en outre aux individus n'ayant pas encore vingt-deux ans accomplis au moment de la promulgation des textes précités ; la négative a généralement prévalu (voir Weiss, Nationalité, pages 193 et 209).

3. — Sous l'empire de la loi de 1851, on décidait généralement que, par étranger, le texte visait exclusivement le père, mais voici qu'aux termes de l'arrêt précité, il aurait désigné indifféremment l'un ou l'autre des auteurs. Révolution juridique d'autant plus grave, que par voie d'analogie forcée elle modifiait l'interprétation du nouvel article 8 paragraphe 3 du code civil. Cette jurisprudence ayant tous les inconvénients d'une loi rétroactive, une loi rétroactive était nécessaire pour en atténuer les effets. La loi du 22 juillet 1893 revêt donc nettement ce caractère, elle consacre en principe le système de la cour de cassation en conférant la qualité de français de naissance à l'individu né en France d'un auteur qui y est né lui-même, mais — et c'est là l'innovation en même temps que l'atténuation — lorsque cet auteur est la mère, l'intéressé est investi à sa majorité d'une faculté de répudiation. Cette faculté il a pu encore l'exercer dans l'année qui a suivi la promulgation de la loi s'il

la situation de tous les individus mineurs à l'époque de la promulgation de la première.

A la différence de la période précédente, il y a lieu de distinguer (art. 8 § 3) entre le père et la mère quant aux effets de la double naissance de l'intéressé et de son auteur sur le sol français. Est-ce le père ? l'intéressé est définitivement français, sans faculté de répudiation ultérieure, dans ces conditions sa nationalité est à l'abri de toute contestation. Est-ce la mère ? Nous revenons aux errements de la loi de 1851, avec une différence pratique fort appréciable cependant : c'est que la preuve du défaut d'option est devenue des plus simples. Les déclarations d'option étant centralisées au ministère de la justice pour être ensuite insérées au bulletin des lois, un simple coup d'œil jeté sur la table alphabétique de ce recueil suffit pour être édifié sur le point qui nous occupe.

Au surplus la loi nouvelle est venue faciliter singulièrement la preuve non seulement de la nationalité d'origine, mais encore de l'acquisition ultérieure de la qualité de français. Pour en justifier, l'individu né en France n'a qu'à établir soit son domicile en France à l'époque de sa majorité (article 8 paragraphe 4) (1), soit sa participation volontaire aux opérations du recrutement (art. 0, paragraphe 11).

C'est bien à tort suivant nous, qu'au point de vue de la preuve de la nationalité, M. Baudry-Lacantinerie (Baudry et Houques Fourcade I, n° 582, page 369), prétend restreindre le bénéfice de la loi de 1851 aux seuls fils d'étranger et le subordonner à la preuve de l'extranéité des parents. Les individus de race française ne sont-ils pas appelés à bénéficier de plein droit et à *fortiori* des faveurs édictées au profit des étrangers au point de vue de la nationalité ? le français de race a suffisamment démontré sa nationalité, et il doit être dispensé d'une preuve plus ample, du moment où il justifie de circonstances qui eussent rendu français même un fils d'étrangers, du moment où il démontre, qu'en mettant les choses au pire pour lui, en supposant étrangers des parents

---

avait plus de vingt-deux ans révolus à cette époque. (Loi du 22 juillet 1893, article 2).

1. — L'un des inconvénients de l'article 8, paragraphe 4, suivant M. Cluzel, p. 116, c'est la difficulté qu'éprouvera plus tard l'intéressé à établir ce domicile à l'époque de la majorité, qui lui a conféré la qualité de français ; pour obvier à cet inconvénient il n'a au jour de sa majorité qu'à souscrire une déclaration à l'effet de renoncer à son droit de répudiation, cette déclaration ne lui confère aucun droit nouveau, mais elle lui donne la preuve authentique et incontestable du droit antérieurement acquis. La légalité d'une déclaration souscrite dans ces termes a été formellement consacrée par l'art. 13 de la loi du 24 décembre 1896 relative à l'inscription maritime.

Il est à remarquer, du reste, que si l'on accorde à l'article 8, paragraphe 4 un effet rétroactif — et la majorité des auteurs se prononce en ce sens (voir Dalloz, nouveau code civil annoté, n°s 285 et suivants), l'intéressé établit ainsi sa qualité de français d'origine.

qui étaient très probablement français, il bénéficierait encore de notre nationalité. Le système que nous combattons nous semble de la plus rare inconséquence en favorisant l'élément étranger au détriment de l'élément français ; il est impossible de s'appuyer sur un texte pour en méconnaître plus ouvertement l'esprit (1).

Cette preuve, dont nous venons d'analyser les éléments, peut être, comme nous l'avons déjà dit, fort difficile, souvent même impossible, si on prétend l'exiger dans toute sa rigueur.

Comment, par exemple, justifier du défaut d'option, sous l'empire de la loi de 1851 (2)? cette question est encore très pratique, car à raison de la non-rétroactivité de son abrogation, ce texte règle encore la situation de bien des individus. L'option devait avoir lieu au domicile de l'intéressé, à l'époque de sa majorité, et, si ce dernier ne peut établir où il résidait à cette époque...? L'établirait-il qu'il n'en serait souvent guère plus avancé. Les déclarations étaient généralement reçues sur des feuilles volantes, il n'en restait aucune trace dans les archives des mairies. Avec son empressement habituel à réformer les abus, l'administration n'a songé à remédier à ces inconvénients qu'au bout de trente-sept ans, à la veille même de l'abrogation de la loi de 1851. (La première mesure centralisatrice est la circulaire du garde

---

1. — Le traité pourtant si estimé de M. Baudry-Lacantinerie contient en matière de nationalité, les plus graves erreurs ; on lit dans son précis, 4ᵉ édition, page 72, n° 142 :

« Il lui suffira d'établir (à celui qui se réclame de la loi de 1851) qu'il est né en France postérieurement à la promulgation de la loi du 7 février 1851 ».

C'est contrairement à l'interprétation unanime refuser tout effet rétroactif à la loi dont le texte porte cependant non pas « sera français », mais « est français », termes essentiellement caractéristiques et qui manifestent l'intention évidente du législateur de saisir tous les mineurs.

L'auteur ne commet plus seulement une erreur d'interprétation, mais il méconnaît de la manière la plus flagrante un texte positif quand il écrit ce qui suit :

« C'est le maire et non le préfet qui doit être actionné comme défendeur par la personne qui, omise sur les listes électorales sous prétexte qu'elle est étrangère, réclame son inscription. Cassation 4 avril 65, D. 65. 1. 239 ; Cass., 14 et 19 mars, 25 et 30 avril 1877. D. 77.1.203 » (Baudry-Lacantinerie et Houques-Fourcade, I, n° 588, page 374).

Nous renvoyons le lecteur pour s'édifier à la lecture de l'article 22 du décret organique du 2 février 1852 ; il y verra que le maire, juge de la réclamation en premier ressort, comme membre de la commission municipale, ne joue à aucun moment de l'instance, le rôle de contradicteur légitime, ni en appel devant le juge de paix où son intervention serait un cas de nullité (Greffier, listes électorales, n° 342), ni en cas d'incompétence du juge de paix, devant le tribunal civil où l'affaire se juge sur simple requête conformément aux articles 855 et suivants du code de procédure civile.

Inutile de dire que dans les arrêts de la cour de cassation cités par l'auteur il n'y a pas trace des erreurs qu'il leur prête.

2. — M. Cluzel exige formellement cette justification, p. 27 : « il lui suffira désormais (à la personne qui veut se prévaloir du texte précité) de présenter son acte de naissance, celui de son père, et de produire en outre un certificat constatant qu'elle n'a pas usé de sa faculté de répudiation ».

des sceaux en date du 20 octobre 1888 rappelée dans la circulaire du 28 août 1893).

Evidemment la participation aux opérations du recrutement constitue bien une preuve du défaut d'option, mais c'est la seule ; or nombre d'intéressés ne peuvent en bénéficier. M. Cluzel le constate lui-même d'après les documents officiels, page 27 note 1, les omis ont été nombreux. Restent encore les femmes que le législateur a donc encore déshérité une fois de plus.

La jurisprudence de la cour de cassation avait déjà admis que le défaut de répudiation se présume, que c'est à celui qui allègue l'option à l'établir et non à l'intéressé à démontrer, le cas échéant, son inexistence (cassation 31 mars 1885, affaire Mansu, bulletin 1885, page 106. Greffier, Listes électorales, n° 396 (1).

Il nous semble que la logique imposait cette solution à M. Cluzel comme conséquence de la non rétroactivité qu'il attribue à l'option, contrairement du reste à l'opinion généralement admise (page 75, *contra* Lesueur et Dreyfus, page 152). Dans ces conditions en effet, l'option constitue non plus seulement un défaut d'acquisition de la nationalité française, mais la perte de cette même nationalité précédemment acquise, c'est une dénationalisation dans toute la force du terme ; or la perte de la qualité de français ne saurait se présumer, ce n'est là du reste que l'application d'un principe élémentaire, le fardeau de la preuve incombe à celui qui allègue le changement d'un état de choses préexistant et dûment établi (Dalloz, Répert. sup. Preuve, n° 20).

Mais la preuve de cette double naissance n'est pas toujours possible. Parmi les ouvriers des grandes villes, il en est beaucoup qui, restés orphelins en bas âge, ignorent où leurs parents sont nés. Les actes de naissance sont restés longtemps muets sur le lieu de naissance des parents, et ils doivent l'être aux termes des articles 35 et 57 du code civil, dont le premier défend à l'officier de l'état civil d'insérer autre chose dans les actes de l'état civil, que ce qui doit être déclaré par les comparants, et dont le second n'exige pas la mention dont s'agit ; actuellement cette indication extra-légale ou plutôt illégale figure généralement, et s'il est jamais permis de violer la loi pour en combler les lacunes, on ne peut qu'applaudir à cette heureuse innovation.

Les malheureux qui ne peuvent justifier du lieu de naissance de leurs parents vont-ils donc se trouver voués à l'*heimathlosat*, tombés au rang de parias et *d'outlaws*, alors que quatre-vingt-dix-neuf fois sur cent, ils descendent d'auteurs français ?

La jurisprudence ne l'a pas pensé ; elle a estimé que dans ces condi-

---

1. — V. à l'Appendice, p. 30 § I, les divergences de la jurisprudence ministerielle sur ce point.

tions, il y avait les plus grandes chances pour qu'ils fussent nés de parents français, que dans le doute il était raisonnable de supposer la réalisation du *plerumque fit* ; elle a donc invariablement décidé que tout individu né en France devait être présumé français jusqu'à preuve contraire, et qu'en cas de contestation le fardeau de la preuve incombait à celui qui déniait à l'intéressé la nationalité de son pays d'origine.

Cette théorie est formulée par la cour de cassation en termes nets, précis et qui ne laissent place à aucune équivoque ; nous croyons devoir faire passer le texte même des arrêts sous les yeux du lecteur, afin de le convaincre sans retard du caractère impérieusement affirmatif de la jurisprudence.

Cassation, 16 mars 1863 (D. 1863. I. 136) « attendu que la naissance d'un individu en France *fait présumer qu'il est français*, à moins que le contraire ne soit prouvé ; que cette preuve contraire n'est pas établie dans l'espèce ; qu'ainsi c'est à tort que la demande d'Eybram tendant à être inscrit sur la liste électorale a été rejetée par le motif qu'il ne justifiait pas de la qualité de français. »

Cassation, 23 mars 1863 (D. 1863. 1. 137) « attendu que le demandeur produisait devant le juge de paix son contrat de mariage établissant qu'il était né le 17 mars 1807 à Corval l'orgueilleuse (Nièvre) ; — attendu que cet acte constatait la nationalité de Vieillard par une PRÉSOMPTION LÉGALE qui pouvait être combattue, ce qui n'est pas réalisé ; qu'en cet état le juge de paix en déclarant que le demandeur ne justifiait pas de sa nationalité a commis un excès de pouvoir. »

Cassation, 15 mars 1870, D. 1870. 1.173 « attendu que la naissance en France fait *présumer* sauf la preuve contraire la qualité de français et la jouissance des droits civils et politiques. »

Cassation, 26 avril 1875. Sirey 1875. 1.375 « attendu que si *l'individu né en France est présumé français*, cette présomption ne peut être invoquée que par celui qui établit sa naissance sur le sol français ; que d'ailleurs cette présomption peut être combattue par la preuve contraire. »

Une double remarque viendra mettre en évidence le caractère indiscutable du principe posé.

Ainsi tout d'abord, c'est à propos de l'exercice du droit électoral, c'est-à-dire d'un droit qui est par essence l'apanage exclusif du citoyen français, que sont intervenues les décisions précitées. Tout individu né en France est donc par cela même électeur de droit si on ne démontre pas son extranéité; c'est affirmer de la manière la plus catégorique, que le seul fait de la naissance sur le sol français suffit, à défaut de preuve contraire, pour conférer de plano la qualité de français.

La cour de cassation, non contente de formuler cette présomption, lui a reconnu formellement le caractère d'un principe au-dessus de toute discussion ; en effet, c'est au juge de paix qu'incombe la mission de le faire respecter ; or ce magistrat n'est compétent sur les questions d'état qu'autant qu'elles ont un caractère évident (Greffier, Listes électorales, n° 395).

Dans ces conditions, nous laissons au lecteur le soin d'apprécier s'il est téméraire de notre part d'affirmer que cette présomption n'a jamais fait doute en jurisprudence ; elle trouve du reste son point d'appui et dans l'esprit du code civil et dans un texte postérieur.

Il est évident que les rédacteurs du code civil n'ont pas entendu édicter une législation, qui au bout de plusieurs générations n'eût plus permis qu'aux seuls naturalisés d'établir leur nationalité et eût voué à l'*heimathlosat* la majorité de nos concitoyens, par l'impossibilité où ils se fussent trouvés d'établir un arbre généalogique qui les rattachât à un ascendant né en France avant la promulgation du code civil. La plupart des français d'origine en eussent été réduits à souscrire à leur majorité en tant que besoin la déclaration de l'article 9 du code civil.

. Au-dessus des règles du droit, il y a les principes du sens commun ; de toute nécessité, une présomption s'imposait : les individus nés en France de parents inconnus, il fallait les présumer français ou étrangers ; quoi de plus raisonnable dès lors que de trancher le doute dans le sens le plus probable, que de présumer le *plerumque fit*? (Dalloz, Répertoire, supplément, Droit civil, n° 41).

La présomption dont s'agit n'étant du reste qu'une présomption de *jus sanguinis*, respecte les principes tout en les rendant susceptibles d'application pratique.

L'inéluctable nécessité d'une présomption en cette matière, une raison de force majeure par conséquent, voilà suivant nous le meilleur argument à opposer à ceux qui nous objecteraient qu'il n'y a pas de présomption légale en dehors d'un article formel de loi qui la consacre *explicitement*, et que dans tout autre cas, il est rigoureusement interdit au magistrat d'en admettre, même par voie de déduction ou d'analogie (Dalloz, rép. sup. Obligation, n° 2041).

Quant à l'argument de texte, que la jurisprudence a, du reste, négligé d'invoquer, il résulte du décret impérial du 19 janvier 1811, relatif aux enfants trouvés, qui comme tous les décrets de l'empire a force législative ; son article 19 en astreignant les enfants trouvés au service militaire, les présume par là même français ; or, si un enfant doit être présumé français par cela seul qu'il a été trouvé sur le territoire français à une époque voisine de sa naissance, il doit en être de même à plus forte raison s'il y est né. (Dalloz, *loc. cit.*) (1).

---

1. — Nous ne pensons pas, contrairement à l'avis d'excellents auteurs, qu'il y ait lieu d'argumenter en ce sens du décret de la convention nationale en

Dans ces conditions, les inconvénients pratiques qu'eût entraînés suivant M. Cluzel, le maintien des principes du code civil, n'ont jamais existé que dans son imagination ; l'auteur se bat littéralement avec des moulins à vent quand il nous dit page 7 : « On voit qu'il est heureux pour la facilité de la preuve que la seconde période (la période d'application du code civil) ne se soit pas plus longtemps prolongée. A quelles difficultés pratiques ne se serait-on pas heurté, alorsque, dans le peuple surtout, il n'est pas rare qu'un petit-fils ne sache pas où est né son grand-père. Sans doute la jurisprudence judiciaire et administrative aurait été amenée à admettre des présomptions au lieu des preuves formelles fréquemment impossibles. Mais ces présomptions auraient été variables et variablement admises. La nationalité des individus aurait été trop souvent soumise à l'incertaine appréciation de questions de fait, alors qu'elle doit être par essence nettement déterminée ».

Autant d'inexactitudes que de mots ; non, pour rétorquer les propres expressions de l'auteur, il n'est pas si malheureux « *pour la facilité de la preuve, que la seconde période ne se soit pas plus longtemps prolongée* » ; on ne s'est jamais heurté à « *aucune difficulté pratique* ». « *Ces présomptions que la pratique judiciaire aurait été amenée à admettre au lieu des preuves formelles* » l'ont été. « *Ces présomptions qui auraient été variables et variablement admises* » se sont toujours réduites à une présomption invariablement admise. « *La nationalité des individus qui aurait été trop souvent soumise à l'incertaine appréciation de questions de fait, alors qu'elle doit être par essence nettement déterminée* », cette nationalité a toujours dépendu en pratique, dans une très large mesure tout au moins, du lieu de naissance, c'est-à-dire d'un point de fait facile à vérifier.

Telle est donc la jurisprudence formelle, que M. Cluzel se croit autorisé à passer sous silence, parce qu'elle est en contradiction flagrante avec ses théories.

Nous laissons au lecteur le soin d'apprécier si dans ces conditions M. Cluzel constitue sur le terrain judiciaire un guide bien autorisé. Il est à remarquer que le praticien attache infiniment plus d'intérêt à l'interprétation des tribunaux qu'à l'opinion des auteurs, que ce qu'il recherche, même surtout dans les ouvrages de doctrine, ce sont les références aux décisions judiciaires, et s'il venait à être convaincu à

---

date du 4 Juillet 1793, qui déclare les enfants trouvés « enfants naturels de la patrie ».

Nous pensons que ce texte est absolument étranger à la nationalité de ces enfants déjà français en vertu du *jus soli* alors en vigueur, qu'il n'a pour but que de leur accorder comme une sorte de réhabilitation légale. Il n'y a là pour nous qu'une simple manifestation du sentimentalisme déclamatoire de l'époque.

Si ce texte s'est réellement inspiré du jus soli, il est trop évident qu'il a été implicitement abrogé par le code civil.

la barre d'avoir ignoré l'état de la jurisprudence, il remporterait un succès d'une nature probablement toute différente de celui qu'il aurait rêvé ; ce silence calculé et systématique ne lui inspirera certainement qu'une médiocre confiance dans les opinions de l'auteur.

Examinons maintenant le dernier état du droit sur cette grave et importante question de la preuve de la nationalité d'origine.

Pour tous les auteurs, qui se sont posé la question, il est de *jus incontroversum* que le nouvel article 8 paragraphe 2 du code civil (Loi du 26 juin 1889) aux termes duquel « est français tout individu né en France de parents inconnus ou de nationalité inconnue », n'a eu pour but que de trancher dans le sens de l'interprétation judiciaire, qui avait antérieurement prévalu, une controverse qui en France du moins, n'avait jamais existé que sur le terrain de la doctrine ; du reste sur ce terrain là même l'opinion adverse se trouvait en minorité (Voir Weiss, Nationalité, pages 210 et 211).

Puisque le lecteur est un juge, nous désirons qu'il entende lui-même les témoins que nous invoquons.

Ecoutons M. Vincent, le premier en date des commentateurs de la loi du 26 juin 1889 ; à raison de cette circonstance, son témoignage a le mérite de la spontanéité la plus absolue.

« Si une contestation s'élève, si les tribunaux sont appelés à se prononcer, comment doit se prouver la nationalité ? Déjà, avant la loi de 1889, certaines présomptions étaient admises, au profit de l'individu qui ne pouvait justifier de sa filiation, il *était présumé citoyen du pays où il était né.*

Cette présomption est aujourd'hui bien reconnue par la loi elle-même. *Tout individu né en France, est présumé français,* puisque l'article 8 2° attribue de plein droit la qualité de français à ceux qui sont nés sur notre territoire de parents inconnus, ou de nationalité inconnue. Réciproquement l'individu qui est né à l'étranger doit être présumé étranger.

Pour combattre cette présomption, il faudra en règle générale établir la filiation de l'individu et la nationalité des parents.... » Vincent, Loi du 26 juin 1889 sur la nationalité, p. 151.

Ecoutons maintenant M. Weiss, l'auteur le plus complet sur les questions de nationalité :

« L'enfant né sur notre territoire doit être *présumé* français jusqu'à preuve contraire.

La grande majorité de ceux qui l'habitent sont eux-mêmes français, il est donc très vraisemblable que l'enfant qui y est né a dû l'existence à des parents français, *et c'est à lui à prouver sa filiation étrangère,* s'il entend se soustraire à la nationalité française.

La loi du 26 juin 1889 s'est prononcée en faveur de ce deuxième système, qu'avait déjà consacré avec plusieurs législations étrangères *la cour de cassation* » Weiss, Nationalité, pages 211 et 212.

On lit dans Campistron, Nationalité, page 26 :

« Cette solution (la solution de l'article 8, paragraphe 2) avait été consacrée par la jurisprudence avant la loi du 26 juin 1889 ».

D'après MM. Lesueur et Dreyfus, Nationalité, page 20, l'article 8, § 2, repose sur cette « *présomption* que l'enfant trouvé (et nous pouvons à plus forte raison sous-entendre l'enfant né) en France est né de parents français ».« Le code civil était muet sur ce point, mais la solution expresse de la loi nouvelle était celle de la majorité des auteurs ».

Ouvrons maintenant le nouveau code civil de MM. Dalloz ; c'est le guide le plus autorisé du praticien, les opinions téméraires n'y ont guère cours.

On y lit sous l'article 8 :

« N° 112. Quant aux enfants nés en France de parents de nationalité inconnue, on admettait généralement avant la loi de 1889, qu'ils étaient français.

113. Il a été jugé dans ce sens par application des anciens articles 8 et suivants que *tout individu né en France est présumé français jusqu'à preuve contraire*.

114. Peu importe, d'ailleurs, que l'acte produit et constatant le fait de la naissance en France ne désigne que le lieu de cette naissance.

115. Jugé de même que la *naissance d'un individu en France établit jusqu'à preuve contraire que cet individu est français*, et qu'il jouit de ses droits civils et politiques.

118. *La loi du 26 juin 1889 a consacré ces solutions* ».

C'est l'évidence même.

Si pour reconnaître la qualité de français à l'individu né en France de parents inconnus, la jurisprudence est partie de ce principe que tout individu né en France doit être présumé français, n'est-il pas logique d'en conclure, qu'en admettant ce qui avait toujours été réputé la conséquence nécessaire du principe, le législateur a entendu consacrer le principe lui-même ?

Est-il raisonnable d'espérer que les tribunaux en viennent jamais, sous l'empire de la loi nouvelle, à condamner leurs anciens errements ? Quoi ! pour répudier un principe déjà proclamé en l'absence de dispositions formelles, la jurisprudence aurait attendu que le texte même du code eût affirmé les conséquences qu'elle avait toujours tirées de ce même principe, elle aurait attendu pour cesser d'être libérale que la loi le fût devenue à son instigation, pour condamner ses vieilles doctrines, qu'elle y eût converti le législateur lui-même. Qu'on nous passe la familiarité du terme, quelle piteuse reculade !

Ou le nouvel article 8 paragraphe 2, a entendu consacrer l'ancienne présomption, ou comme nous le verrons,il perd à peu près toute portée pratique et n'est plus dès lors qu'un ridicule contre-sens, à raison surtout de son prétendu caractère de disposition d'ordre public.

Fidèle à sa méthode, M. Cluzel passe naturellement sous silence l'interprétation de l'article 8 paragraphe 2, par l'unanimité de la doctrine, comme il a déjà cru devoir taire les anciens errements de la jurisprudence relativement à l'application du code civil.

Son système qui lui est rigoureusement personnel peut se formuler et se résumer dans les trois propositions suivantes :

1° Le texte précité n'établit aucune présomption de nationalité en faveur de l'individu né en France (1).

2° C'est donc à celui qui invoque les dispositions de ce texte à prouver directement que ses parents sont inconnus ou de nationalité inconnue.

3° Il en résulte que vu l'impossibilité de cette preuve, l'article 8 paragraphe 2 devient à peu près sans application pratique, qu'on peut le considérer comme lettre morte (2).

---

1. — M. Cluzel nie la présomption que nous invoquons dans les termes suivants, page 195 :

« Dira-t-on que l'article 8 paragraphe 2 établit une présomption en vertu de laquelle tout enfant né en France est français?

« Nous répondrons que rien ne permet de penser que l'article 8 paragraphe 2 a voulu poser une présomption, il vise un fait certain et bien déterminé ».

2. — L'exigence de la preuve directe en même temps que l'impossibilité de cette même preuve se dégage nettement au passage suivant, page 23:

« Un enfant est né en France de parents connus ; ceux-ci disparaissent dans un temps voisin de la naissance. Les seuls renseignements qu'on possède sont leurs noms et prénoms, leur âge, leur domicile, leur profession mentionnés dans l'acte de naissance du mineur. On sait qu'ils ne sont pas français. Voilà donc un enfant né en France de parents dont la nationalité est aujourd'hui inconnue, est-il saisi par notre article ? Nous ne le pensons pas. Au moment de sa naissance, rien n'autorisait à dire que la nationalité de ses parents était inconnue. Il eût suffi de le leur demander; sans doute, le seul fait de la disparition n'a pu avoir pour effet de leur conférer une qualité qu'ils ne possédaient pas et qui ne peut être attribuée qu'au moment de la naissance.

Autre espèce. Supposons un enfant né en France de parents connus, présents, nés à l'étranger. Nous posons en principe qu'on ne doit pas presumer leur nationalité inconnue ; la présomption doit être inverse au contraire, car il est infiniment rare qu'on ne connaisse pas sa nationalité. Suffira-t-il maintenant qu'ils affirment leur ignorance à ce sujet? Non,car ils peuvent avoir un intérêt majeur à exciper de cette ignorance, afin par exemple de faire considérer leur fils comme sujet français et de le sauver d'une expulsion imminente à laquelle il n'échapperait pas s'il n'était soumis à l'article 8 paragraphe 2. Il faut donc une preuve. Nous nous demandons en vérité quelle preuve concluante pourra bien être administrée. S'il est facile d'établir qu'on est français, anglais où allemand, s'il est possible de prouver qu'on a perdu sa qualité originaire de citoyen de tel ou tel Etat et qu'on n'en a pas acquis une autre depuis, il nous paraît tout à fait ardu de démontrer qu'on ignore à quelle patrie on doit se rattacher ».

Cette preuve est évidemment impossible, et le législateur a donc commis,

L'auteur ne recule pas devant cette conséquence extrême pour la partie finale du texte qui vise l'individu né en France de parents dont la nationalité est inconnue ; quant à sa disposition initiale relative à l'enfant de parents inconnus, il prétend au contraire assurer son application pratique à l'égard tout au moins de l'enfant naturel non reconnu (voir page 180 et suivantes).

C'est là suivant nous une inconséquence, car si comme le veut M. Cluzel (p. 196), *l'article 8 paragraphe 2 vise un fait certain*, il vise un fait également impossible à établir dans les deux cas, qu'il s'agisse de démontrer que les parents sont inconnus, ou simplement de nationalité inconnue. Cette inconséquence repose du reste sur une erreur.

Pour concilier un pareil résultat avec ses théories qui écartent toute présomption en la matière, M. Cluzel est obligé d'admettre, implicitement tout au moins, qu'un acte de naissance où ne figure pas de reconnaissance prouve directement l'absence de la reconnaissance elle-même ; or il n'en est rien, l'acte de naissance, comme nous le verrons, ne porte pas nécessairement trace d'une reconnaissance

---

nous ne saurions trop insister sur ce point, la plus absurde des contradictions en accordant des droits d'une part et en en rendant l'exercice impossible d'autre part.

L'auteur suppose l'hypothèse la moins pratique qu'il soit possible d'imaginer.

Le père présent ne peut guère dissimuler sa nationalité sans dissimuler en même temps le lieu de sa naissance et partant sa véritable identité, et comme il a dû fournir toutes indications utiles sur ce point et faire connaître notamment sa nationalité en se faisant délivrer le certificat d'immatriculation exigé par la loi du 8 août 1893, il faut donc qu'il commence par se déclarer coupable du délit prévu et puni par ladite loi, par s'exposer lui-même à être l'objet de la mesure administrative à laquelle il entend soustraire son fils, par s'offrir comme victime expiatoire à la place de celui-ci.

Ce n'est pas tout, cet homme qui dissimule sa nationalité, vit le plus souvent sous un nom d'emprunt et avec de faux papiers, dont il a dû faire un fréquent usage ; on voit quelles vont être pour lui les conséquences de ces inopportunes revendications, elles sont de nature à lui valoir sur le terrain judiciaire toute autre chose qu'un succès. L'avocat qu'il ira consulter lui conseillera fortement « *de se tenir tranquille* », pour nous servir de la locution consacrée.

Nous n'avons jamais eu à invoquer l'article 8 paragraphe 2 pour des clients expulsés — et nous l'avons déjà invoqué trois fois avec succès — que lorsque leurs parents avaient disparu depuis longtemps ; il y avait toujours doute, non seulement sur la nationalité de ces derniers, mais encore sur leur identité dont somme toute la nationalité est un élément.

Il résulte déjà de ce qui précède, et du reste nous le démontrerons encore plus loin (page 16 de notre étude), que la distinction entre les deux hypothèses de l'article 8 paragraphe 2, parents inconnus d'une part, de nationalité inconnue d'autre part, est aussi délicate qu'inutile, étant donnée l'identité de la solution dans les deux cas ; pour éviter de stériles controverses, le plus simple est d'invoquer simultanément les deux parties du texte quand il y a doute sur leur sphère d'application respective, ce qui se produit fréquemment.

ultérieure qui a pu intervenir dans n'importe quel acte authentique (art. 334 du code civil), et qui en cas de minorité de l'intéressé a rétroagi au point de vue de la nationalité jusqu'au jour de la naissance. Pour administrer la preuve directe et absolue de ses prétentions, l'enfant naturel qui se prétend non reconnu, devra démontrer tout d'abord qu'il n'a été l'objet d'aucune reconnaissance chez aucun non seulement des maires, mais même des officiers ministériels de France qui eussent été compétents pour la recevoir.

Aurait-il réussi à fournir cette preuve déjà impossible, que pour triompher définitivement, il lui resterait à en administrer une autre plus impossible encore. Il devrait démontrer qu'il n'a été l'objet d'aucune reconnaissance passée à l'étranger par des parents étrangers, suivant les formes de la loi étrangère.

Dans ce dernier cas en effet, la loi française sera toujours impuissante à empêcher la clandestinité de la reconnaissance, quelques mesures qu'elle ait édictées pour en assurer la publicité (1).

Si l'enfant naturel mineur, qui se prétend non reconnu, ne bénéficie

---

1. — Voyons un peu quelles sont ces mesures.

Aux termes de l'ancien article 62 du Code civil, encore en vigueur au moment de la promulgation du nouvel article 8 paragraphe 2 « l'acte de reconnaissance d'un enfant naturel sera inscrit sur les registres à sa date et il en sera fait mention en marge de l'acte de naissance »; mais cette mention ne devant avoir lieu qu'à la requête des intéressés (Dalloz, nouveau code civil annoté, art 49, n° 7) le but de la loi était en partie manqué.

C'est seulement depuis la loi du 17 août 1897, nouvel article 49 (Voir dans les *Lois nouvelles* de 1897 le commentaire, 1re partie, p. 405, et la circulaire ministérielle du 1er octobre suivant, 3e partie, page 246) que cette mention doit avoir lieu d'office.

Ne seront mentionnées en marge des actes de naissance que les reconnaissances passées postérieurement à la promulgation de la loi qui est de date récente.

Si tant est donc que l'absence d'une mention de reconnaissance dans l'acte de naissance de l'enfant doive constituer une preuve directe de l'inexistence de toute reconnaissance et partant de la qualité de français — et il n'en sera jamais ainsi à raison de l'éventualité d'un acte passé à l'étranger — eh bien ? même en faisant arbitrairement abstraction de cette possibilité, la preuve directe ne sera absolue que vingt et un ans après la promulgation de la loi nouvelle.

Il est à remarquer du reste, que le texte précité ne vise pas les notaires ; seraient-ils donc tenus d'informer l'officier de l'état civil des reconnaissances qui sont passées devant eux ? Nous ne le pensons pas, cette solution serait sans doute dans l'esprit de la loi, qui contient de ce chef une grave lacune, mais à notre avis, l'interprète n'a pas le droit de la combler, de s'appuyer sur l'intention présumée du législateur pour déroger à sa volonté expressément affirmée par le texte formel, qui édicte le secret des actes notariés. Le silence de la circulaire précitée semble favorable à notre interprétation. Si de nouvelles obligations eussent incombé aux notaires du chef de la réforme législative, des instructions ministérielles seraient venues les leur rappeler ; or ils n'en auraient reçu aucune à ce sujet, si nous en croyons ceux auxquels nous avons posé la question, et les dernières éditions des répertoires de pratique notariale que nous avons consultées sont également muettes sur le point.

d'aucune présomption par le seul fait de sa naissance sur le sol français, s'il est tenu à la preuve directe et absolue de ses prétentions, on pourra toujours lui contester la qualité de français sous prétexte qu'il a peut-être été de la part d'un auteur étranger l'objet d'une reconnaissance qu'il dissimule actuellement pour échapper au droit d'expulsion, quitte à s'en prévaloir ultérieurement pour se soustraire au service militaire. M. Cluzel prend donc pour une preuve directe, ce qui n'est au fond des choses qu'un cas d'application de cette présomption que tout individu né en France est français ; cette présomption, il a la prétention de l'écarter d'une manière absolue ; en réalité, il en accorde ou en refuse le bénéfice à l'intéressé suivant que la situation de ce dernier réalise l'une ou l'autre des deux hypothèses que l'auteur croit devoir distinguer avec une précision exagérée, croyons-nous, dans le texte de l'article 8 paragraphe 2 ; par une regrettable inconséquence, M. Cluzel introduit ainsi dans la loi une distinction arbitraire qui est en contradiction avec ses termes, car quel que soit le mode de preuve que le législateur ait entendu consacrer, il doit être identique dans les deux cas.

Pour en revenir à la partie finale de notre texte, sauf dans le cas d'*heimathlosat*, où l'absence de nationalité peut être l'objet d'une preuve directe, et encore d'après M. Cluzel il est douteux que cette éventualité soit rentrée dans les prévisions du législateur (voir plus loin, p. 19, note 1), l'intéressé ne pourra jamais démontrer que ses parents sont de nationalité inconnue. Dans toute autre hypothèse en effet, puisqu'il y a présomption qu'on est citoyen de son pays d'origine, il n'y a qu'un moyen d'établir directement que les parents sont de nationalité inconnue, c'est de démontrer qu'ils ne sont nés nulle part.

L'article 8 paragraphe 2 est donc abrogé par voie d'interprétation ; tous les commentateurs qui ont précédé M. Cluzel se sont donc grossièrement trompés et sur le sens et sur l'esprit de la loi.

On avait toujours admis que l'article 8 paragraphe 2 avait eu pour but de restreindre l'*heimathlosat* : il n'en est rien, nous avons changé tout cela, comme dirait Molière ; ce texte n'a été en réalité édicté que pour propager le fléau social qu'il avait la prétention de combattre, en écartant définitivement les remèdes qu'y avaient déjà apporté la pratique judiciaire. Loin d'être une disposition libérale, l'article 8 paragraphe 2 n'a été qu'une mesure de réaction contre le libéralisme de la pratique antérieure : comme nous le disions, il constitue le pire des contre-sens, puisque le législateur a fait le contraire de ce qu'il a voulu.

Le lecteur appréciera si ces conséquences — et elles sont indéniables — sont de nature à recommander le système qui les consacre.

Nous ne pouvons néanmoins nous empêcher de le remarquer, entre deux interprétations également raisonnables par ailleurs, dont l'une assure l'application de la loi, tandis que l'autre en fait lettre morte, le sens commun incline plutôt naturellement vers la première ; car enfin la loi, semble-t-il, est faite pour être appliquée et non pour servir exclusivement de thème aux dissertations plus ou moins ingénieuses de l'école. On admet généralement que l'interprête ne doit taxer le législateur d'absurdité qu'à la dernière extrémité, et dans l'impossibilité absolue d'assurer à son œuvre un sens raisonnable.

Les théories de notre adversaire exposées en même temps que réfutées, poursuivons l'analyse du texte qui nous occupe.

Remarquons que l'article 8 paragraphe 2 prévoit deux hypothèses distinctes : 1° les parents sont inconnus ; 2° ils sont de nationalité inconnue.

Avant d'interpréter un texte, il est bon de commencer par être fixé sur le sens exact des termes.

Qu'est-ce que l'article 8 paragraphe 2 entend par individu connu ? Suffit-il que son identité matérielle soit établie, qu'on puisse donner son signalement, prouver par exemple qu'il a vécu tant d'années à tel endroit, y exerçant telle profession ? Ne faut-il pas en outre que son identité juridique soit nettement déterminée, que l'on soit fixé sur son état civil et par conséquent sur le lieu de sa naissance ?

Pour montrer que cette question n'est pas une simple abstraction, prenons à titre d'exemple une de ces espèces que la pratique ignore, suivant M. Cluzel (voir plus loin p. 23).

Celle-ci, si le bureau du sceau l'ignore, c'est qu'il l'a oubliée, car le volumineux dossier de l'affaire figure aux archives de la chancellerie sous le n° 1612 $\times$ 97, et elle fait l'objet d'une de nos études parue dans le Journal de droit international privé et intitulée « de la légalité des déclarations souscrites en vue d'acquérir la qualité de français et du refus d'enregistrement pour indignité (Clunet 1899, pages 75 et 88).

Un sieur Marchetti Jean, né à Menton le 6 avril 1875, était aux termes de son acte de naissance l'enfant naturel reconnu d'un soi-disant Marchetti Jean né à Asti en 1840, la filiation maternelle n'étant pas du reste établie ; ce dernier, au cours de ses nombreux démêlés avec la justice, s'était dénommé tour à tour Chesna et Marchetti et avait successivement désigné comme lieux de naissance Asti en Italie, Laybach et Shachendorf en Autriche-Hongrie, sans compter d'autres localités imaginaires. Inutile de dire que nulle part on n'avait trouvé d'acte de naissance qui lui fût applicable. On était donc en présence d'un individu qui dissimulait sa véritable identité, pour des motifs qu'il eût sans doute été indiscret d'approfondir. Si son identité juridique était inconnue, il en était tout autrement de son identité matérielle. Il avait vécu maritalement de longues années avec la mère de

2

son enfant, ainsi qu'en pouvaient témoigner les parents de cette dernière. Détail qui fait du reste le plus grand honneur à la vigilance de
la police, il avait réussi à se maintenir plus de dix-huit ans en France
au mépris d'un arrêté d'expulsion,et,sur tous les chantiers du littoral,
qu'on nous pardonne la trivialité de ce détail typique, il était connu
sous le surnom de bifteck à cause de sa grande taille et de son extrême
maigreur.

Ce n'est pas là du reste un cas isolé,nous l'avons constaté,c'est le cas
d'un certain nombre de repris de justice de nationalité étrangère qui
viennent vivre en France sous de faux noms, ne peuvent se marier faute
de papiers réguliers, se mettent en concubinage et reconnaissent
leurs enfants naturels,en les affublant d'un état civil de fantaisie.

Si nous avons bien saisi sa pensée, M. Cluzel (voir plus haut
p. 13, note) verrait dans Marchetti père un individu connu ; nous ver-
rions plutôt en lui un inconnu.

Un individu nous semble inconnu dans le sens légal du mot, du
moment où son identité juridique n'est pas établie : or elle n'est établie
qu'autant que l'on est fixé sur son lieu de naissance et partant sur sa
nationalité, au moins par voie de présomption, tout individu devant
être présumé citoyen de son pays d'origine.

S'il en est ainsi, la deuxième partie du texte ne vise que les *heima-
thlosen*; on ne connaît évidemment pas la nationalité de celui qui
n'en a pas, c'est même peut-être le seul cas où il soit possible d'être à
la fois connu et de nationalité inconnue.

Que ce soit ou non la seule hypothèse prévue par l'article 8 § 2 *in
fine*, nous pensons, en tout cas, qu'elle rentre directement dans ses
prévisions et non pas seulement par la voie d'une analogie plus ou
moins forcée ainsi que l'insinue M. Cluzel (1).

Si nous avons tant insisté sur cette petite controverse, c'est qu'elle
nous a paru intéressante à raison de sa nouveauté ; elle est du reste
dépourvue de tout intérêt pratique. Puisque les deux parties du texte
ne comportent qu'une seule et même solution, il importe assez peu de
définir exactement leur sphère d'application respective ; aussi avons-
nous toujours soin, quand nous revendiquons pour nos clients le bénéfice de l'article 8 paragraphe 2, de les dire nés de parents inconnus et
de nationalité inconnue. *Quod abundat, non vitiat*.

Maintenant, que nous avons nettement posé le principe : que tout
individu né en France doit être présumé français jusqu'à preuve
contraire, examinons son application pratique.

---

1. — « Aussi pensons-nous qu'il faut par raison d'analogie et en vertu
d'un *à fortiori* englober dans cet article les enfants dont les parents n'ont pas
de nationalité » (Cluzel, page 19).

Tout se réduit dès lors à savoir en quoi doit consister cette preuve contraire qui dans l'espèce est une preuve d'extranéité, et c'est ce que nous allons examiner.

Le fardeau de la preuve étant donc à sa charge, celui qui conteste à l'individu né en France la nationalité de son pays d'origine doit démontrer : 1° la naissance à l'étranger des parents de l'intéressé, car si l'un ou l'autre est né en France, leur extranéité devient indifférente au point de vue de la nationalité d'origine de l'enfant, qui n'en naîtra pas moins français dans tous les cas ; 2° l'extranéité de l'auteur dont l'intéressé doit suivre la nationalité, lorsque la nationalité de celui-ci dépend exclusivement de sa filiation, et il ne suffit pas de démontrer que l'auteur en question n'est pas français, il faut encore le rattacher à telle nationalité étrangère déterminée, sans quoi son enfant serait encore fondé à se dire français comme né en France de parents de nationalité inconnue.

Cette preuve est aussi simple en pratique qu'elle semble complexe en théorie.

Elle se réduit à la production des actes de naissance des parents reçus à l'étranger ; on démontre ainsi non seulement le fait de leur naissance à l'étranger, mais encore leur extranéité — par voie de présomption tout au moins ; il est trop évident, en effet, que cette présomption qui . fait réputer français l'individu né en France, n'est qu'un cas d'application d'une présomption plus générale aux termes de laquelle on doit être réputé citoyen de son pays d'origine.

.Cette présomption admet naturellement la preuve contraire, qui cette fois est à la charge de l'intéressé : à lui de démontrer ou que son auteur n'a jamais eu la nationalité de son pays d'origine ou qu'il l'a perdue. Inutile de dire, qu'en échangeant le rôle de défendeur contre celui de demandeur — *reus excipiendo fit actor* — il transporte la lutte sur un terrain bien défavorable, où le succès couronnera rarement ses efforts.

On le voit, loin d'exagérer la difficulté de la preuve, nous réduisons celle-ci à sa plus simple expression ; nous n'avons nullement la prétention de faire lettre morte de l'article 8, paragraphe 4, qui laisse aux fils d'étrangers nés en France la nationalité d'origine de leurs parents, sauf facilité pour une naturalisation ultérieure ; ce n'est, somme toute, que dans des cas exceptionnels que nous leur accordons la qualité de français de naissance ; loin de faire prévaloir arbitrairement l'un des deux textes précités sur l'autre, nous nous sommes borné à délimiter exactement leur champ d'application respective ; oui, les fils d'étrangers nés en France, conservent en naissant la nationalité de leurs parents, mais à la condition que l'on puisse les rattacher par leur filiation à telle nationalité étrangère déterminée ; ce qui sera facile dans la plupart des cas, vu surtout la simplicité de la preuve exigée.

Si toutefois, cette preuve d'extranéité est impossible, alors ils sont — provisoirement tout au moins — français de droit en vertu de l'article 8, paragraphe 2 ; ce texte est d'une application rare, j'en conviens, mais non pas inconnue en pratique, ainsi que l'affirme un peu légèrement M. Cluzel (voir plus loin page 23 le texte même de ses affirmations sur ce point). Encore une fois, l'article 8, paragraphe 4, pose le principe, l'article 8, paragraphe 2, l'exception qui ne fait que confirmer la règle (1).

Cette théorie de la preuve de l'extranéité, telle que nous venons de l'exposer, nous avons été les premiers à la formuler d'une manière aussi explicite et à la faire consacrer dans ces termes mêmes par la jurisprudence (Voir jugement Maïno, Nice, 6 janvier 1893, D. 1893.2.345, dont le texte est au reste reproduit plus loin, p. 24). Cette décision, quoique n'émanant que d'un tribunal de première instance, emprunte une haute autorité doctrinale à l'approbation unanime des arrêtistes. (Voir notamment sous le jugement précité la note de M. Charles Dupuis).

Cette théorie du reste est si simple et si rationnelle, que la pratique l'avait toujours instinctivement appliquée, avant que nous ayons tenté de la rattacher aux principes ; la chancellerie elle-même s'en est toujours visiblement inspirée, depuis qu'elle exerce sur les déclarations de nationalité le contrôle, dont l'a investie la loi du 26 juin 1889. Dans le cas de l'article 9 notamment, elle exige de l'intéressé, qui veut devenir français, la preuve qu'il ne l'est déjà; tant que le lieu de naissance de la mère est considéré comme indifférent au point de vue de la nationalité de l'enfant, elle n'exige comme preuve d'extranéité de celui-ci que l'acte de naissance de son père reçu à l'étranger, elle présume donc ce dernier citoyen de son pays d'origine : le bénéfice de cette présomption ainsi accordé à l'individu né à l'étranger, concevrait-on dès lors qu'il ne fût plus refusé qu'à celui qui est né en France ?

La chancellerie exige si bien l'acte de naissance du père comme preuve d'extranéité de son fils et non pas seulement comme simple

---

1. — M. Gérardin commet donc la plus déplorable exagération et la plus complète confusion quand il écrit dans *la Loi* des 4-5 novembre 1900: « Si la théorie du tribunal de Nice faisait jurisprudence (théorie aux termes de laquelle tout individu né en France est présumé français), c'en serait fait de l'application pratique des dispositions des articles 8 § 3 et 9 du code civil! ce serait le retour pur et simple à la législation de la période intermédiaire (voir notamment la constitution du 24 juin 1793), qui avait consacré le triomphe du *jus soli* en incorporant dans la nation tous ceux qui avaient vu le jour sur **son sol.**

pièce d'identité, que lorsque le législateur (nouvel article 8, paragraphe 3, du code civil. Loi du 22 juillet 1893) (1) aura fait dépendre la nationalité de l'enfant né en France du lieu de naissance de sa mère, elle exigera la production de l'acte de naissance de cette dernière. Donc, aux yeux des bureaux, la preuve de la naissance à l'étranger des deux auteurs est absolument nécessaire pour établir à l'heure actuelle l'extranéité de l'individu né en France ; c'est donc qu'en l'absence de cette preuve, qu'il ne peut établir que par certains modes rigoureusement déterminés, qui doit résulter de documents absolument authentiques, l'intéressé doit être réputé français, inhabile par conséquent à vouloir acquérir par voie de déclaration une nationalité dont il serait déjà investi de plein droit. (Comparer sur ce point les modèles de déclaration annexées aux circulaires des 23 août 1889, Lesueur et Dreyfus, p. 283 et 28 août 1893. *Lois nouvelles*, 1894, p. 43).

Exiger la production de l'acte de naissance des parents, c'est dénier de la manière la plus nette toute force probante à la mention de leur lieu de naissance dans l'acte de naissance de l'enfant.

Ce serait là une affirmation bien superflue, si par la plus flagrante des contradictions, l'administration n'était pas la première à répudier les conséquences des principes qu'elle pose.

En matière d'expulsion, les choses vont changer de face, cette mention du lieu de naissance des parents dans l'acte de naissance de l'enfant, qui tout à l'heure n'avait aucune force probante, alors que rien ne permettait d'en suspecter la véracité, va acquérir du crédit; par cela seul qu'elle est mensongère, que la fausseté en est démontrée à l'aide de pièces authentiques, elle fera foi en dépit de son illégalité intrinsèque, en dépit de la preuve contraire, elle est assimilée dès lors à ces mentions dont la véracité ne peut être attaquée que par la voie de l'inscription de faux.

La chancellerie considère comme étranger un individu qui se trouve dans la situation du sieur Marchetti, dont il a été question plus haut, c'est-à-dire un individu, né en France, et aux termes de son acte de naissance, enfant naturel reconnu d'un père, qui a faussement déclaré être un tel né à l'étranger, dans telle ville déterminée, alors qu'il est démontré par des certificats authentiques, émanant des autorités étrangères, que dans la ville indiquée, on ne trouve aucun acte de naissance qui lui soit applicable, alors que par ailleurs il est surabondamment démontré qu'on n'arrivera jamais à être fixé ni sur l'identité, ni sur le lieu de naissance du déclarant (Voir dans l'affaire Marchetti, Clunet, 1899, page 92, la dépêche ministérielle du 10 mai 1897 (2)·

----

1. — Voir plus haut, page 4 note 3.
2. — V. à l'Appendice, p. 32, § 2, le texte de la dépêche ministérielle avec commentaire critique.

La chancellerie a donné du reste une solution analogue dans une affaire Bevione, le dossier figure aux archives du ministère de la justice sous le n° 147 × 96).

La preuve que dans les espèces précitées la chancellerie s'appuyait exclusivement sur les fausses mentions des actes de naissance des intéressés, pour leur contester la nationalité française, c'est qu'une fois ces actes rectifiés par les tribunaux dans le sens des prétentions des réclamants, c'est-à-dire dans le sens de la vérité, la qualité de français s'est trouvée appartenir à ces prétendus étrangers avec tant d'évidence, que l'un d'eux a vu ses prétentions reconnues par le ministre de l'intérieur lui-même, et que l'autre a eu facilement gain de cause devant les tribunaux correctionnels.

Les arrêtés d'expulsion pris contre le sieur Marchetti le 11 novembre 1892 et contre le sieur Bevione le 13 juin 1896, ont été rapportés le premier à la date du 29 août 1900, le second à la date du 1ᵉʳ février 1901, motif pris de la qualité de français des intéressés, ainsi qu'en fait foi le texte même des décisions ministérielles.

Le ministre de la justice n'a pu que retarder, mais non empêcher, le triomphe de prétentions conformes au droit et à l'équité.

Dira-t-on que foi provisoire est due aux mentions des actes de l'état civil, tant qu'ils ne sont pas rectifiés, en sorte que la distinction entre les mentions qui font foi ou simplement jusqu'à preuve contraire ou bien jusqu'à inscription de faux, n'aurait d'intérêt pratique que dans une instance en rectification, quant à la nature de la preuve contraire à administrer, qu'ainsi en dehors d'une instance en rectification, toutes les mentions sans distinction auraient une égale force probante ?

Cette théorie que la chancellerie semble adopter d'une manière implicite dans la dépêche précitée nous semble absolument fantaisiste.

Quand il s'agit d'une de ces mentions qui ne font foi que jusqu'à preuve contraire (1), le contenu d'un acte de l'état civil peut être dénié par tout individu qui a intérêt à le faire, n'eût-il ni intérêt ni qualité pour demander la rectification.

Ainsi en cas de poursuite pour contravention à un arrêté d'expulsion,

---

1. — Voici le *jus incontroversum* quant à la force probante des actes de l'état civil.

Il y a lieu de distinguer les mentions qui sont faites conformément aux prescriptions de la loi et celles qui sont faites en dehors de ces prescriptions.

Les premières font foi jusqu'à inscription de faux ou simplement jusqu'à preuve contraire suivant que l'officier de l'état civil relate les faits qu'il a constatés de *visu* ou qu'il se borne à reproduire les déclarations des parties. Les secondes sont dépourvues de toute force juridique, et la mention du lieu de naissance des parents rentre dans ces dernières : en ce sens *Pandectes françaises*, Répertoire, Actes de l'état civil, n° 370. Dalloz : Répertoire supplément, Actes de l'état civil, n° 98; Baudry-Lacantinerie, Précis de droit civil, 4ᵉ édition, tome I, p. 133.

le tribunal sur le vu de la preuve contraire, pourra tenir pour nulles et non avenues les mentions mensongères de l'acte de naissance du prévenu, desquelles on prétendrait induire son extranéité, alors que cette juridiction répressive est absolument incompétente pour ordonner la rectification de l'acte incriminé.

Encore une fois, et quitte à nous répéter, nous ne saurions trop insister sur un point incontestable et malheureusement pourtant contesté, la mention du lieu de naissance des parents dans l'acte de naissance de l'enfant ne saurait constituer à l'égard de ce dernier aucune preuve d'extranéité à raison de son illégalité. Ferait-elle foi du reste qu'elle ne saurait le faire que jusqu'à preuve contraire, or la preuve contraire serait victorieusement administrée sous la forme d'une attestation des autorités étrangères, comme c'était le cas pour le sieur Marchetti. Marchetti en effet produisait à la chancellerie un certificat de l'officier de l'état civil d'Asti dûment légalisé par notre ministère des affaires étrangères, et duquel il résultait que malgré les recherches faites sur les registres de l'état civil d'Asti depuis 1830 jusqu'en 1850, on n'avait pu trouver d'acte de naissance applicable à cet individu, qui dans l'acte de naissance de son fils avait déclaré être né dans cette ville en 1840.

Notre système constitue du reste une de ces vérités qui se démontrent facilement par l'absurde.

La France reconnaîtrait-elle pour son national un individu né à l'étranger, sur la simple mention de son acte de naissance, portant qu'il a pour père tel individu, né dans telle ville de France, alors que dans cette ville on ne trouve pas d'acte de naissance qui lui soit applicable ?

Peut-on avoir deux poids et deux mesures, admettre pour établir l'extranéité d'un soi-disant étranger né en France, cette même preuve que l'on rejetterait comme irrecevable *de plano* s'il s'agissait de démontrer la nationalité d'un soi-disant français né à l'étranger ?

M. Cluzel finit du reste par se démasquer complètement, il voue l'article 8 paragraphe 2 aux dieux infernaux parce qu'il paralyse, dans une mesure bien faible cependant, mais encore trop large à ses yeux, l'arbitraire administratif qui lui est cher (1), écoutons ses anathèmes (page 25):

« Disposition ajoutée à la légère sans but précis, sans utilité réelle, dangereuse plutôt, car nous l'avons vu elle ne sera jamais invoquée *si elle l'est jamais*, que par un mineur indigne expulsé de France ou

---

1. — « Pour nous le premier système proposé par M. Lainé aurait toutes nos préférences ; supprimer purement et simplement le bénéfice de la loi qui dérive d'une pensée de défiance à l'égard du gouvernement et le remplacer par une naturalisation accordée dans la forme ordinaire, mais sous des conditions moins rigoureuses ». Cluzel, page 129.

menacé de l'être, alors que l'enregistrement d'une déclaration sous-crite par son représentant légal, lui assurant par avance la qualité de français, aura été refusée ».

« Nous le répétons, écrit-il quelques lignes plus haut, la pratique ignore ces espèces ».

On le voit, non content de taire nos efforts et nos travaux, M. Cluzel croit devoir insister encore sur leur inexistence.

Si la pratique a longtemps ignoré ces intéressantes espèces, elle ne les ignore plus grâce à nous.

Nous avons été le premier du reste à remarquer que l'article 8 para-graphe 2 serait la planche de salut des enfants d'étrangers nés en France et expulsés en temps de minorité. Il se trouve que nous avons excipé trois fois de l'article 8 paragraphe 2, justement en faveur de mineurs expulsés, la première fois devant le tribunal de Nice (juge-ment Maïno précité), les deux autres devant la chancellerie par la voie du recours gracieux (Affaires Marchetti et Bevione précitées); l'affaire Marchetti a fait du reste, rappelons-le, l'objet d'une longue étude dans le *Journal de droit international privé* Clunet 1899, p. 88.

Or dans ces deux dernières espèces, les intéressés déjà expulsés avaient été ou allaient être l'objet de décrets d'indignité, décrets d'in-dignité qui du reste n'ont fait que retarder le moment où l'adminis-tration elle-même a dû leur reconnaître la qualité de français.

M. Cluzel — que le lecteur veuille bien se rappeler qu'il est atta-ché à la chancellerie — commence par nous répéter avec une insis-tance vraiment extraordinaire, que la pratique ignore ces espèces, mais il prend le soin d'ajouter, que si jamais ces espèces qui n'ont pas encore surgi, viennent à se présenter, elles se présenteront... telles justement qu'elles se sont présentées. M. Cluzel est un de ces pro-phètes qui ont la précision de l'historien; pourquoi faut-il qu'il soit prophète après l'évènement.

Ce qu'il y a de plus curieux, c'est que M. Cluzel prend justement le soin de révéler au lecteur l'existence *d'une de ces espèces que la pratique ignore*, en citant en note page 29 le jugement susmen-tionné du tribunal de Nice dans l'affaire Maïno.

Cette décision est en réalité un cas d'application, plutôt de l'article 8 paragraphe 2 que de l'article 8 paragraphe 3, ainsi que semble le supposer M. Cluzel; ce dernier texte n'a été invoqué que d'une manière conditionnelle et subsidiaire, et il est resté sans influence directe sur la solution du litige.

Voici au moins dans ses parties essentielles le texte de ce très inté-ressant jugement auquel la mention de M. Cluzel donne un piquant regain d'actualité :

« Attendu que Marie-Augustine Maïno est née à Bastia le 11 septembre 1872 de Augustin Maïno déjà décédé et de Marie Tulie son épouse, ainsi que cela ressort sans conteste de l'acte de naissance sur timbre dûment légalisé que la défense produit à la barre — Attendu que rien n'indique dans l'acte de naissance que l'un ou l'autre de ses parents fût d'origine étrangère — Attendu qu'aux termes d'une jurisprudence constante bien antérieure à la loi du 26 juin 1889 et qui a trouvé dans cette loi sa consécration législative (nouvel article 8 paragraphe 2) jurisprudence résumée dans le code civil annoté de Dalloz, (article 8, n° 20) « Tout individu né en France est présumé français jusqu'à preuve contraire — Attendu que cette formule n'est que l'expression d'un principe de bon sens, que la grande majorité de ceux qui habitent la France étant eux-mêmes français, il est très vraisemblable que l'enfant qui y est né a dû l'existence à des parents français, que des milliers de citoyens français ne doivent leur qualité de citoyens français qu'à cette présomption ; qu'ils seraient dans l'impossibilité de dire où sont nés leurs parents, encore moins de produire leur acte de naissance, que nul de ce chef ne peut leur contester la qualité de citoyens français. Attendu que ce serait au ministère public à prouver l'extranéité du père en produisant l'acte de naissance de ce dernier.

Attendu que la preuve de l'extranéité du père semble impossible à faire, cet homme étant déjà mort au moment de la naissance de sa fille et l'administration n'ayant pu recueillir sur lui aucun renseignement, puisqu'elle mentionne Marie Maïno comme née de père inconnu ; — attendu que le ministère public aurait à prouver non seulement que le père est né à l'étranger, mais encore que la mère y est née elle-même ; — attendu en effet *qu'à supposer* que Marie Maïno fût née d'un père étranger et d'une mère française, aux termes de l'article 8 § 3, est français tout individu né en France d'un étranger qui lui-même y est né... etc., etc.

Attendu que tout concourt à confirmer en faveur de Marie Maïno la présomption que tout individu né en France est français ; — attendu que s'il y avait un doute dans l'esprit du tribunal, ce doute devrait s'interpréter dans un sens favorable à l'accusé... ».

M. Cluzel ne pardonne pas au législateur d'avoir par le nouvel article 8 paragraphe 2 assuré à la France des recrues suspectes.

Reste à savoir si l'acceptation de ces recrues ne constitue pas un moindre mal.

Ces individus, que rien ne rattache à aucune nationalité étrangère déterminée, comme Marchetti par exemple, sont en cas d'expulsion, impitoyablement refoulés par les pays limitrophes ; ils vont se trouver dès lors dans une situation que l'humanité réprouve, si l'administration la crée ; partout en contravention à des arrêtés d'expulsion, ils ne quitteront les prisons d'un État que pour passer dans celles d'un autre ;

est-il admissible qu'ils soient condamnés à la détention perpétuelle pour une faute souvent minime — l'administration ne cherchant que des prétextes à ses rigueurs (1) — et qui, quel que fût en tout cas son caractère de gravité n'en a pas été moins déjà expiée par une peine de droit commun? on ne punit pas deux fois pour un même fait, *non bis in idem*; mais, nous répondra-t-on, l'expulsé est peu intéressant : comme le dit (2) durement M. Accarias et comme les bureaux aimeront à le répéter après lui, il est victime de lui-même : constatation étonnante de la part d'un juriste. L'expulsé est victime de lui-même, mais tout condamné de droit commun — et c'est presque toujours le cas de l'expulsé — tout condamné l'est et doit l'être, victime de lui-même, victime de sa volonté à la fois faible et perverse, et s'il ne l'était pas, il cesserait d'être responsable et par conséquent susceptible de châtiment. Le rôle de la justice n'est-il pas justement de peser et d'apprécier dans quelle mesure le délinquant doit être victime de lui-même, en proportionnant l'expiation à la faute ? Ce n'est pas l'accès de notre territoire que les arrêtés d'expulsion arrivent effectivement à fermer à ces malheureux, mais uniquement et exclusivement la voie du retour au bien ; mais cette voie, dira-t-on, ils n'ont aucune envie de la prendre — allégation exagérée dans sa généralité, étant donné encore une fois la futilité fréquente des motifs de l'expulsion — : admettons même que ces individus ne présentent que de faibles chances d'amendement, est-ce une raison pour le leur rendre impossible ? Loin donc d'empêcher la présence de ces tristes épaves sur le territoire français, les arrêtés d'expulsion n'arrivent qu'à la rendre forcément dangereuse. Dans l'impossibilité de gagner honnêtement leur vie, les plus petits délinquants de droit commun ne tardent pas à se transformer en malfaiteurs avérés.

Notre intérêt bien entendu est-il de créer sur notre territoire toute une catégorie de parias et d'outlaws ? La société n'a pas le droit de refuser une patrie à l'homme qui vient en ce monde, elle n'a pas le droit de le pousser au désespoir et au crime par la perspective d'un châtiment qui dépasse celui des pires criminels de droit commun et, qui arbitrairement infligé par voie administrative, ressuscite l'un des

---

1. — Voir la preuve de nos allégations dans notre étude pratique sur l'expulsion des étrangers. *Gazette des tribunaux* des 1ʳ, 2 et 3 octobre 1897 ; nous attendons un démenti depuis quatre ans.

Le lecteur sera suffisamment édifié sur les procédés de l'administration quand il saura que pour motiver un arrêté d'expulsion il suffit d'une contrainte par corps pour défaut de payement d'une amende de simple police.

M. Cluzel nous vante cependant la modération de l'administration en pareille matière (125); on est en droit de se demander avec inquiétude en quoi pourraient bien consister ses rigueurs.

2. — Accarias, rapport dans l'affaire Lorent sous l'arrêt de cassation du 31 décembre 1896. *Pandectes françaises* 1896. I. 201 et 205.

pires abus de l'ancien régime. Quel intérêt y a-t-il à fournir à l'anarchie des recrues qui lui appartiennent de droit, à excuser par avance, sinon à légitimer, les plus exécrables forfaits ? Si ces individus auxquels l'article 8 paragraphe 2 assure la nationalité française, à défaut de toute autre, se montrent indignes de la généreuse adoption dont ils ont été l'objet, nos lois pénales sont là pour les contenir d'abord, les châtier ensuite ; elles suffisent amplement, car dans l'application de la peine, les juges ont assez de latitude pour tenir compte de cette circonstance très aggravante qu'est la noire ingratitude des délinquants.

C'est justement pour épargner à une nation civilisée la honte de pareils abus, que le législateur a édicté cette « disposition ajoutée à la légère, sans but précis, sans utilité réelle, dangereuse plutôt » qu'est suivant M. Cluzel l'article 8 paragraphe 2 *in fine*; malheureusement le zèle intempestif des bureaux tend à paralyser les bonnes intentions du législateur, et l'administration, comme jadis les empereurs d'Allemagne, trouve des légistes pour colorer d'apparences juridiques ses actes les plus arbitraires.

L'article 8 paragraphe 2, auquel du reste son caractère interprétatif permet d'attribuer la rétroactivité la plus absolue (1), n'est pas comme semble l'insinuer M. Cluzel, le patrimoine exclusif des repris de justice, malgré l'excellent parti qu'ils en ont tiré à l'occasion ; ce texte aurait dû se réhabiliter aux yeux de notre adversaire en servant les intérêts d'un honnête travailleur : nous voulons parler de l'affaire Barbero. M. Cluzel doit l'ignorer d'autant moins, à raison de ses fonctions, que dans l'espèce le plaideur malheureux ne fut autre que M. le garde des sceaux lui-même. Ce procès a du reste reçu dans la presse judiciaire la publicité la plus large (Clunet 1900, p. 508. *Gazette des tribunaux*, 1900, 2ᵉ semestre, p. 405). En voici l'exposé sommaire. Le sieur Barbero, sujet italien, revendiqua la nationalité française comme fils d'ancien français conformément à l'article 10 du code civil, par déclaration souscrite devant monsieur le juge de paix du canton est de Nice le 30 mai 1899. L'intéressé ne produisait d'autre pièce justificative que l'acte de naissance de son père, aux termes duquel ce dernier était né à Mondovi (Italie) le 18 décembre 1806, sous la domination française. Par dépêche en date du 13 juin 1899, Monsieur le garde des sceaux refusa l'enregistrement de la déclaration à raison du défaut de production de l'acte de naissance du grand-père paternel, sous prétexte que la naissance du père en France étant postérieure au code civil, ne prouvait plus sa nationalité d'origine. Barbero répliqua que si dans ces

---

1. — Sur la rétroactivité des lois interprétatives, voir Beudant, Droit civil, page 140; Aubry et Rau, 5ᵉ édition. tome I, pages 102 et 103. — Sur le caractère interprétatif de l'article 8, paragraphe 2, voir plus haut page 9.

conditions la nationalité d'origine n'était pas prouvée d'une manière absolue, elle devait tout au moins se présumer jusqu'à preuve contraire, preuve contraire qui, dans l'espèce du reste, était manifestement impossible. Ce fut dans ces conditions qu'en vertu du nouvel article 9 paragraphe 2 du code civil, le sieur Barbero porta ses revendications devant le tribunal civil, qui lui donna gain de cause par jugement du 20 février 1900 ordonnant l'enregistrement de la déclaration contestée.

Le ministère de la justice s'est spontanément rallié à la doctrine du tribunal de Nice, et c'est ce qui constitue la très grande importance de cette décision.

Nous n'argumentons même pas de ce que la chancellerie ne s'est pas pourvue en appel contre le jugement précité; il se peut qu'elle se soit laissée surprendre par la brièveté des délais.

Nous ne voulons d'autre preuve de son changement de jurisprudence que l'enregistrement sous le n° 6508×1900 et à la date du 21 novembre 1900 d'une déclaration souscrite le 30 octobre précédent à la justice de paix du canton est de Nice, en vertu de l'article 10 du code civil par le sieur Tarditi.

On y lit ce qui suit :

« A l'appui de sa déclaration le sieur Tarditi nous a remis l'acte de naissance de son père ci-dessus prénommé ainsi que l'extrait de son casier judiciaire. Il a ajouté qu'il ignorait le lieu et la date de naissance de son grand-père paternel et qu'aux termes de la jurisprudence (jugement du tribunal de Nice du 20 février 1900) il n'avait pas à fournir l'acte de naissance de ce dernier, son père né sur un territoire français devant être présumé français de naissance ».

Or, le père du déclarant était né à Barge, province de Coni (Italie), le 14 décembre 1810; la situation de l'intéressé était, on le voit, identique à celle du sieur Barbéro.

La chancellerie avait donc été officiellement mise en demeure d'avoir à se prononcer définitivement sur la question qui lui était soumise de nouveau. L'enregistrement effectué dans ces conditions a constitué, de sa part, l'acquiescement le plus formel et le plus spontané qu'il lui fût possible de donner à la doctrine du tribunal de Nice, et la consécration de cette présomption que tout individu né en France est français (1).

---

1. — La chancellerie paraît avoir définitivement adopté cette orientation nouvelle, ainsi que le prouve l'enregistrement à la date du 7 janvier 1902 sous le numéro 6985×1901, et par application de l'article 10 du code civil, d'une déclaration de nationalité souscrite le 4 novembre précédent à la justice de paix du canton de Nice. L'intéressé, un certain sieur Barberis, était né le 21 juillet 1844 à Mombercelli, province d'Alexandrie, Italie, d'un père qui y était né lui-même le 29 mai 1807, sous la domination française, qui par conséquent

On le voit, en examinant les théories de M. Cluzel, relativement à la preuve de la nationalité d'origine, nous avons été amené à rédiger le travail, sinon le plus complet, tout au moins le plus long qui ait encore paru sur cette importante question. Nous nous en sommes tenu au terre à terre des vieux errements, et pour le fond tout au moins, nous en convenons volontiers, nos théories n'ont rien d'inédit.

Il en est tout autrement des opinions de M. Cluzel, sa doctrine a certainement le mérite de la hardiesse et de la nouveauté, l'impartialité nous fait un devoir de rendre cette justice à un adversaire, surtout après des critiques un peu vives, *dont nous laissons au lecteur le soin d'apprécier le bien fondé*. Loin de nous la pensée de faire grief à un jeune auteur de s'être inspiré sur le libre terrain de la discussion juridique du vieil adage « *nullius addictus jurare in verba magistri* », pour le légiste, il n'est pas d'oracle infaillible, fût-ce même la cour de cassation toutes chambres réunies. Reste maintenant à apprécier si M. Cluzel a suivi une sage méthode en traitant ses devanciers comme il l'a fait. Au lieu de les ensevelir dans les oubliettes d'un dédaigneux silence, n'eût-il pas agi plus correctement en venant soutenir contradictoirement avec eux la thèse nouvelle qu'il entend substituer à leurs errements? La science du droit y eût gagné, et le livre de M. Cluzel n'y eût rien perdu de sa valeur intrinsèque.

Le progrès des sciences expérimentales — on ose à peine le redire, tant cette vérité est banale – est le fruit exclusif de la libre discussion; en dehors d'elle, il n'y a place que pour le parti pris et les idées préconçues. En matière juridique, là où les principes arrivent à se dégager si lentement des solutions d'espèces, les affirmations contradictoires des auteurs réclament impérieusement le contrôle réciproque de cette libre discussion; sinon, loin d'élucider les problèmes, la doctrine n'arrive qu'à en ajourner la solution définitive, en jetant le trouble et la confusion dans les esprits, et finalement ses laborieux efforts n'aboutissent qu'à retarder le triomphe de la justice et du droit. Il y a donc un intérêt majeur à ce qu'au lieu de s'ignorer, de s'éviter et de se fuir, les partisans des doctrines opposées viennent se mesurer sur le terrain d'une loyale controverse, laissant au lecteur le soin, que nous lui abandonnons une fois de plus, de trancher le différend, dans sa haute et sereine impartialité.

était né en France, mais postérieurement à la promulgation du code civil ; néanmoins comme les sieurs Barbero et Tarditi, dont il vient d'être question, il n'avait produit d'autre pièce à l'appui de ses prétentions que l'acte de naissance de son auteur.

Appendice.

§ I
(Voir plus haut page 7, note 1).

La chancellerie a eu à se prononcer sur une question rigoureusement similaire à propos de l'application du traité d'annexion du 24 mars 1860, qui dans son article 6 ne confère la qualité de français aux sujets sardes orginaires ou domiciliés qu'à défaut d'option ; est-ce là une condition qui doit se prouver ou bien au contraire se présumer ?

Le ministère de la justice a exigé la preuve directe à propos d'une déclaration de nationalité souscrite en vertu de l'article 10 du Code civil par un sieur Aguglione (n° 2110×00) ; il s'est contenté au contraire d'une simple présomption en enregistrant, sans soulever la même difficulté, une déclaration souscrite dans des conditions identiques par une demoiselle Motta (n° 1838×1901).

Fidèle à nos habitudes de documentation rigoureuse, nous croyons devoir faire passer sous les yeux du lecteur le texte même de ces deux décisions contradictoires.

La première résulte d'une dépêche ministérielle en date du 31 mars 1900, revêtue de la signature de M. Laborde, directeur des affaires civiles et du sceau au ministère de la justice et ainsi conçue :

« Monsieur le procureur de la République,

« Vous m'avez transmis, le 21 de ce mois, les deux exemplaires d'une déclaration souscrite en vertu de l'art. 10 du Code civil, le 19 mars 1900, devant M. le Juge de Paix du canton Ouest de Nice, par le sieur Aguglione Charles-Joseph-Pascal, né le dix-huit mai mil huit cent soixante-quatorze, à Turin (Italie), demeurant à Nice, 4, rue Valperga.

« Le sus-nommé s'est appuyé, pour souscrire cette déclaration, sur ce fait que son père, Augustin Aguglione, né à Utelle, comté de Nice, le cinq août 1838 et devenu Français par annexion, a ensuite perdu cette qualité, en servant, majeur, et sans autorisation, dans l'armée italienne.

« Le sieur Aguglione père ne peut avoir perdu la qualité de Français que *s'il l'a acquise en s'abstenant d'opter pour la nationalité sarde*, dans les délais impartis par le traité du 24 mars 1860 ; *or, il n'est pas établi que cette option n'ait pas été faite.*

« Dans ces conditions, l'enregistrement de la déclaration souscrite ne pourra être ordonné tant que le déclarant n'aura pas produit un certificat officiel constatant que son père a été naturalisé Italien par décret royal du 28 novembre 1861 (voir énonciation de l'acte de mariage). Ce certificat suffira pour établir, par voie de conséquence, que le sieur Aguglione père avait acquis la nationalité française à la suite de la réunion du comté de Nice et de la Savoie à la France.

« Je vous prie de vouloir bien aviser le sieur Aguglione de cette décision et lui faire connaître qu'il devra, en outre, faire timbrer en France, à l'extraordinaire, conformément à l'article 13 de la loi du 13 brumaire an VII, les originaux des actes de l'état civil ci-joints.

« Je désire que vous me rendiez compte du résultat de vos diligences pour l'exécution des présentes instructions.

« Recevez, Monsieur le Procureur de la République, etc.

La deuxième décision, en sens contraire, résulte de l'enregistrement à la chancellerie le 21 mars 1901 sous le numéro 1838×1901 et par application de l'article 10 du code civil, de la déclaration dont la teneur suit :

« L'an mil neuf cent un et le sept du mois de mars,
« Par devant nous Pozzo di Borgo, licencié en droit, Juge de paix du canton Est de Nice, s'est présentée la demoiselle Motta, Marie-Marguerite, née à Montezemolo province de Coni (Italie), le vingt-cinq mai mil huit cent soixante-dix-huit, fille de Motta, Jacques-Joseph-Marie né à Montezemolo le quatorze août mil huit cent cinquante-quatre et de Salvo, Lucie-Célestine-Marie, née à Nice, le vingt-neuf janvier mil huit cent cinquante-trois, de profession couturière, domiciliée à Nice, rue Supérieure, n° 7, laquelle nous a déclaré que sa mère née à Nice le vingt-neuf janvier mil huit cent cinquante-trois ayant perdu par suite de son mariage avec un italien la qualité de française qu'elle avait acquise en vertu de l'art. 6 du traité d'annexion comme originaire des pays annexés, elle revendiquait la qualité de française en vertu de l'art. 10 du Code civil.

« Nous Juge de paix, lui avons fait observer que sa mère n'était devenue française qu'à défaut d'option pour la nationalité Sarde, elle nous a répondu *que le défaut d'option devait se présumer*; qu'au surplus, elle était dans l'impossibilité de fournir aucune justification sur ce point à l'appui de sa déclaration.

« La demoiselle Motta, Marie-Marguerite, nous a fourni : 1° Son acte de naissance ; 2° ceux de ses père et mère ; 3° leur acte de mariage ; 4° l'extrait de son casier judiciaire.

« Toutes les pièces ici énumérées sont annexées à la déclaration qui sera transmise au ministère de la justice pour y être enregistrée, cette formalité étant prescrite par la loi à peine de nullité.

« Etaient présents :

« 1° Le sieur Hubert Raymond, avocat, âgé de 37 ans, domicilié à Nice, rue de Lépante, n° 17.

« 2° Le sieur Bono, François, commis-greffier, âgé de 27 ans, domicilié à Nice, boulevard du Pont vieux, n° 12.

« Lesquels ont attesté l'individualité de la comparante, ont déclaré que tout ce qui précède est à leur connaissance personnelle et ont signé avec la déclarante et nous Juge de paix après lecture faite.

(Signé) Motta Marie, Raymond Hubert, Bono, Pozzo di Borgo.

§ II
(Voir plus haut page 21, note 1).

Nous croyons à raison de son intérêt devoir reproduire le texte intégral de ce document daté du 19 janvier 1899 et émanant du bureau du sceau (n° 43×99).

Monsieur le Procureur de la République,

« Mᵉ Raymond Hubert, avocat, demeurant à Nice, 17, rue de Lépante, m'a adressé un mémoire en vue de revendiquer la qualité de français pour le sieur Marchetti (Jean) né le six avril mil huit cent soixante-quinze à Menton (Alpes-Maritimes), fils naturel reconnu de Marchetti (Jean).

« Mᵉ Hubert allègue que son client serait né en France d'un père inconnu ou dont la nationalité serait inconnue, et d'une mère qui ne l'a pas reconnu.

« Cette allégation est contraire aux énonciations portées dans l'acte de naissance du sieur Marchetti, et d'après lesquelles celui-ci est fils d'un sieur Jean Marchetti né à Asti (Italie), qui l'a reconnu dans l'acte même, et de Augustine Zurletti qui au contraire ne l'a pas reconnu.

« *Jusqu'à preuve contraire cet acte doit faire foi*, et il appartient à l'intéressé de s'adresser aux tribunaux qui sont seuls compétents pour statuer souverainement, soit sur la sincérité de la reconnaissance faite par le sieur Marchetti, soit sur la nationalité du jeune Marchetti.

« Je vous prie de vouloir bien porter ces renseignements à la connaissance de Mᵉ Hubert, vous voudrez bien me rendre compte du résultat de vos diligences.

« Recevez, Monsieur le Procureur de la République, etc.

Ce qui constitue justement, le caractère juridique ou anti-juridique de cette décision, c'est cette circonstance intentionnellement passée sous silence, qu'au moment même où le garde des sceaux déniait à Marchetti la qualité de français sur le vu de son acte de naissance, sous prétexte que cet acte faisait foi jusqu'à preuve contraire, il avait justement en mains et administrée sous la forme authentique d'un certificat des autorités étrangères cette preuve contraire (voir plus haut p. 17 et 21) qui contredisait une mention dénuée de toute force probante à raison de son illégalité (voir plus haut, p. 22 note 1); or cette mention était le seul indice d'extranéité qu'on pût opposer à l'intéressé.

Le ministre se retranche derrière une prétendue incompétence à trancher les questions d'état : sans doute une décision de sa part eût été sans autorité vis-à-vis des tribunaux civils, mais les tribunaux civils ne paraissaient pas devoir jamais être appelés à la contrôler, ils n'auraient pu en tout cas que la sanctionner.

Malgré le caractère précaire de ses décisions sur les questions d'état, l'administration n'en a pas moins, en cette matière même, le droit et le devoir de reconnaître les prétentions de l'intéressé quand elles sont évidentes, le juge de paix le fait tous les jours dans les instances électorales.

Renvoyer le réclamant devant les tribunaux civils alors que d'une part, il est comme Marchetti, dans l'impossibilité pratique de les saisir, et que d'autre part la légitimité de ses prétentions ne peut faire doute, c'est, à notre avis, commettre le déni de justice le plus flagrant.

Etant donné qu'il y a présomption que tout individu né en France est français, du moment où l'intéressé a comme Marchetti, péremptoirement démontré que son extranéité ne pourra jamais être établie, il a prouvé plus qu'on n'était en droit de lui demander, et sa nationalité ne peut plus être contestée par un adversaire de bonne foi.

Mayenne, Imprimerie Ch. COLIN.

EN VENTE AUX BUREAUX DES LOIS NOUVELLES

Armée. — La nouvelle législation du recrutement de l'armée. — Analyse des lois et réglements en vigueur au 1er janvier 1891, par M. Roussel, auditeur au conseil d'Etat.— 1 vol. br. prix. 5 fr.

Pouvoir disciplinaire. — **Audience.** — Pouvoir disciplinaire des tribunaux sur les fautes commises ou découvertes à l'audience par **F. L. Malepeyre**, président du tribunal civil de Melun. — 1 vol. br. prix. . . . . 2 fr. 50

Presse. — Commentaire de la loi du 28 juillet 1893, ayant pour objet de réprimer les menées anarchistes, par E. Lefrançois, docteur en droit, avocat à la Cour de Grenoble. — 1 vol. br. prix. 2 fr.

Rapports à succession. — Commentaire de la loi du 24 mars 1898 sur les rapports à succession par A. Tissier, professeur à la faculté de droit de Dijon, 1 vol. br. prix. . . . . . 1 fr.

Saisie-arrêt. — La saisie-arrêt des gages, salaires et petits traitements. — Commentaire nouveau de la loi du 12 janvier 1895, au courant de la jurisprudence et de la doctrine les plus récentes, par E. Schaffhauser et H. Chevresson. — 1 vol. br. prix 4 fr. 50

Secours mutuels. — Commentaire de la loi du 1er avril 1898 sur les Sociétés de secours mutuels par Raoul de la Grasserie, juge au tribunal civil de Rennes . . . . 2 fr. 50

Séparation de corps. — Explication théorique et pratique de la loi du 6 février 1892, portant modification du régime de la séparation de corps par Jules Cabouat, professeur à la faculté de droit de Caen. — 1 vol. br. prix. . . . . 2 fr. 50

Commentaire des Tarifs des actes d'huissiers par O. Raviart avoué à Beauvais, directeur du Bulletin de la taxe. — Un volume in-8°, prix. . . . . 3 fr. 50

Commentaire des Tarifs en matière civile, par O. Raviart, avoué à Beauvais, *Vice-Président de la conférence des avoués de première instance des départements,* Directeur du *Bulletin de la taxe.* Deuxième édition, revue et considérablement augmentée. — Un fort volume in-8°, prix. . . . . . 8 fr.

Droit commercial. — Manuel de droit commercial, contenant, l'exposé des règles générales et la solution des questions pratiques en matière commerciale par Emile Schaffhauser, docteur en droit, directeur des *Lois Nouvelles.* — 1 vol. in-18, br. prix. 3 fr. 50

Enfants. — Commentaire de la loi du 19 avril 1898 sur la répression des violences, voies de fait, actes de cruauté, et attentats commis envers les enfants, par H. Rollet, avocat à la Cour de Paris. - - 1 vol. br. . . . . 1 fr. 50

Enfants naturels. — Droits successoraux des enfants naturels. — Commentaire de la loi du 25 mars 1896 par E. Mesnard, conseiller à la cour d'Amiens. — 1 vol. br. prix. . . . 2 fr. 50

Enregistrement. — Réforme de certains droits d'enregistrement. Commentaire pratique de la loi du 28 avril 1893, et tarif des droits d'enregistrement avec les modifications apportées par les lois du 26 janvier 1892 et 28 avril 1893, par F. Malepeyre, président du tribunal civil de Bar-sur-Aube. 1 vol. br. prix 3 fr.